MI_ISTÈRE DE LA GUERRE

INSTRUCTION MINISTÉRIELLE

DU 13 OCTOBRE 1891

RELATIVE AUX

OBLIGATIONS

DES

HOMMES ASTREINTS AU SERVICE MILITAIRE

et renvoyés ou maintenus dans leurs foyers

PARIS

LÉAUTEY, Imprim.-Libraire de la Gendarmerie
Rue Saint-Guillaume, 24

—

1892

INSTRUCTION MINISTÉRIELLE

DU 13 OCTOBRE 1891

RELATIVE AUX

OBLIGATIONS

DES

HOMMES ASTREINTS AU SERVICE MILITAIRE

et renvoyés ou maintenus dans leurs foyers

PARIS

LÉAUTEY, Imprim.-Libraire de la Gendarmerie
Rue Saint-Guillaume, 24

1892

INSTRUCTION MINISTÉRIELLE

RELATIVE AUX

OBLIGATIONS

DES

HOMMES ASTREINTS AU SERVICE MILITAIRE

et renvoyés ou maintenus dans leurs foyers

~~~~~~~~~~

Paris, le 13 octobre 1891.

Cette instruction est destinée à guider les gendarmes, les maires, etc., au sujet de la surveillance à exercer sur les hommes astreints au service militaire et renvoyés ou maintenus dans leurs foyers.
~~~~~~~~~~

§ 1er.

Catégories entre lesquelles se répartissent les hommes astreints au service militaire maintenus ou laissés dans leurs foyers.

Ces catégories sont :

1º La disponibilité ;
2º La réserve ;
3º L'armée territoriale ;
4º La réserve de l'armée territoriale.

En outre, chacune de ces catégories comprend des hommes se trouvant dans des conditions spéciales et qui sont classés :

Dans les services auxiliaires ;
Dans la non-disponibilité ;
Dans l'affectation spéciale.

Hommes faisant partie de la disponibilité.

Les hommes en disponibilité sont ceux qui sont renvoyés en congé, en attendant leur passage dans la réserve, après avoir accompli au moins une année de service sous les drapeaux.

La disponibilité comprend également les trois plus jeunes classes des hommes classés dans les services auxiliaires.

Hommes faisant partie de la réserve de l'armée active.

Les réservistes sont les hommes renvoyés ou maintenus dans leurs foyers après avoir accompli, soit entièrement sous les drapeaux, soit encore, partie sous les drapeaux, partie dans la disponibilité, le temps prescrit pour l'armée active; ils restent classés dans cette catégorie jusqu'à l'expiration de leurs dix années de service.

La réserve comprend donc des hommes depuis la quatrième jusqu'à la dixième année de service, c'est-à-dire sept classes.

Elle comprend également sept classes d'hommes appartenant aux services auxiliaires.

Hommes faisant partie de l'armée territoriale.

L'armée territoriale comprend, pendant six ans, les hommes qui ont terminé leur service dans la réserve.

Elle comprend, en outre, les réservistes pères de quatre enfants légitimes ou non, lesquels passent immédiatement pour ce motif dans la plus jeune classe de l'armée territoriale.

Les hommes appartenant à la cavalerie ayant contracté un rengagement d'un an

passent dans l'armée territoriale et,, par
suite, dans la réserve de celte armée, trois
ans avant la classe à laquelle ils appartiennent.

Hommes faisant partie de la réserve de l'armée territoriale.

La réserve de l'armée territoriale comprend les hommes qui ont accompli le temps
de service fixé pour l'armée territoriale ; ces
hommes restent classés dans cette catégorie
jusqu'à l'expiration de leur vingt-cinquième
année de service, à moins que cette disposition ne doive avoir pour effet de les y
maintenir après la libération définitive de la
classe à laquelle ils appartiennent, auquel
cas ils sont rayés des contrôles en même
temps que les hommes de cette classe.

La réserve de l'armée territoriale comprend donc des hommes depuis leur dix-

septième jusqu'à leur vingt-cinquième année de service, soit neuf classes.

Hommes des services auxiliaires.

Ce sont des hommes qui, impropres au service armé, sont néanmoins classés par le conseil de revision comme susceptibles d'être employés dans des services auxiliaires de l'armée : réquisitions, stations haltes-repas, bureaux, ateliers, établissements, travaux de toute nature, etc.

Ils passent successivement avec leur classe dans la réserve de l'armée active, dans l'armée territoriale et dans sa réserve, en conservant leur qualité d'hommes des services auxiliaires, et ne peuvent être affectés à aucun service armé.

Définition des non-disponibles.

Les non-disponibles sont des hommes qui, employés dans les services publics, sont dispensés de leurs obligations militaires en temps de paix et qui, en temps de guerre, restent provisoirement à leur poste en attendant les ordres du ministre de la guerre.

Cette disposition est nécessitée par l'intérêt des administrations, établissements et services publics auxquels ils appartiennent et dont le bon fonctionnement importe à l'Etat.

Désignation des hommes ayant reçu une affectation
spéciale.

Les hommes inscrits sur les listes de l'affectation spéciale sont des hommes employés
dans différents services publics qui sont
appelés à constituer, en cas de mobilisation,
le personnel de certains services spéciaux
dépendant des ministères de la guerre et
de la marine, tels que les sections de chemin de fer de campagne, les sections de
télégraphie militaire, la trésorerie et les
postes aux armées, les douanes, les forêts,
les établissements de la guerre et de la
marine et les bâtiments de la flotte.

Certificat justifiant la situation des non-disponibles
et des hommes ayant reçu une affectation spéciale.

Les non-disponibles et les hommes ayant
une affectation spéciale reçoivent un certifi-

cat mentionnant leur situation, qu'ils sont tenus de présenter à toute réquisition de l'autorité.

Le bénéfice de la non-disponibilité ou de l'affectation spéciale n'est acquis aux intéressés que six mois après leur admission dans les services qui permettent de les classer dans l'une ou l'autre de ces catégories particulières.

Hommes ajournés à un nouvel examen du conseil de revision.

Les ajournés sont des jeunes gens dont le conseil de revision a reporté l'examen à l'année suivante parce-qu'ils n'ont pas la taille réglementaire ou sont reconnus d'une complexion trop faible pour un service armé.

Les ajournés reçoivent un certificat pour justifier de leur situation; ils sont tenus de présenter ce certificat à toute réquisition de l'autorité militaire, judiciaire ou civile.

§ 2.

Livret individuel.

Le livret individuel est un livret qui est délivré à tous les hommes assujettis au service militaire, soit dans l'armée proprement dite, soit dans les services auxiliaires.

Il indique l'état civil de l'homme, son signalement, le titre d'après lequel il est lié au service, le corps de troupe auquel il est affecté et renferme différents renseignements relatifs à sa situation militaire.

Le livret renferme, en outre, un fascicule qui contient des ordres de route, un récépissé de livret et une feuille spéciale aux appels.

Tout homme est tenu de conserver son livret individuel jusqu'au moment de sa libération définitive du service militaire. Il est même recommandé de le garder jusqu'à l'accomplissement total du service légal, afin de pouvoir justifier, le cas échéant, de la libération définitive.

En cas d'appel à l'activité ou de convocation pour des manœuvres, exercices ou revues, la présentation du livret individuel doit avoir lieu dans les vingt-quatre heures de la réquisition.

En tout autre cas, le délai est de huit jours.

Prescriptions formulées par l'ordre de route que contient le fascicule.

L'ordre de route placé dans le fascicule prescrit à l'homme qui est dans ses foyers comme disponible, réserviste, homme de l'armée territoriale ou de la réserve de cette armée, de se mettre en route en cas de mobilisation de sa classe portée à la connaissance des populations par voie d'affiches.

Il fait connaître à l'homme s'il doit voyager par les voies ordinaires ou par les voies ferrées ; il lui indique le jour de la mobilisation et l'heure où il devra se présenter soit à son corps d'affectation, soit au bureau de recrutement, soit enfin à la gare qui lui est assignée au cas où il est admis à voyager en chemin de fer.

Cet ordre tient lieu de feuille de route et donne droit, en outre, au transport gratuit sur les chemins de fer lorsque l'homme doit faire usage des voies ferrées.

Usage du récépissé du livret individuel.

Le récépissé est une pièce qui est remplie à l'avance par le commandant du bureau de recrutement pour être détachée du livret et laissée entre les mains du titulaire lorsque, pour une raison quelconque, son livret doit lui être repris provisoirement pour être envoyé au commandant du bureau de recrutement.

Le récépissé, daté et signé par le commandant de la gendarmerie ou, suivant le cas, par l'employé de la mairie, constate la remise du livret. Il tient lieu alors de pièce d'identité au point de vue militaire, d'ordre de route pour la mobilisation et de feuille spéciale pour les appels du temps de paix.

Prescriptions formulées par la feuille spéciale aux appels.

La feuille spéciale aux appels, placée dans le fascicule, indique au réserviste ou à l'homme de l'armée territoriale le lieu où il doit se présenter et l'heure à laquelle il doit y arriver, lors des convocations, par voie d'affiches, des hommes de sa classe pour les exercices du temps de paix.

La feuille spéciale aux appels tient lieu de feuille de route et donne droit au transport par chemin de fer au prix du tarif militaire.

Hommes dont les livrets matricules ne contiennent ni ordre de route ni feuille spéciale aux appels.

Ce sont les hommes des services auxiliaires; en cas de mobilisation, ces hommes n'ont pas, en effet, à répondre à la convocation par voie d'affiches; ils ne peuvent être appelés que par ordre d'appel individuel; ils n'accomplissent non plus, en temps de paix, aucune période d'instruction.

Hommes qui ne sont pas détenteurs de leur livret.

Ce sont les hommes de la non-disponibilité et les hommes ayant une affectation spéciale; les livrets de ces hommes sont conservés par leur administration; ils ont seulement un certificat de non-disponible ou un certificat d'inscription sur les contrôles de l'affectation spéciale.

Remise des livrets individuels et autres opérations concernant les hommes.

Les gendarmes assurent ces opérations pendant leurs tournées journalières dans les communes.

Dans le cas où ils ne trouvent pas les hommes qu'ils ont besoin de voir personnellement, ils leur font donner avis de passer à la brigade.

Si ces individus n'obtempèrent pas à cet avis, le chef de brigade les signale au commandant du bureau de recrutement.

Ratures et surcharges sur les livrets individuels.

Afin d'éviter toute falsification, les ratures et surcharges sur ces documents doivent toujours être visées et timbrées par l'autorité militaire qui les a faites.

Lorsque cette condition n'est pas remplie, la gendarmerie envoie les livrets raturés au bureau de recrutement, qui les vise ou les timbre, ou qui fait procéder à une enquête, s'il y a lieu.

Perte du livret individuel.

La gendarmerie signale immédiatement le fait au bureau de recrutement, qui établit un nouveau livret et le fait parvenir à l'intéressé.

La couverture de ce livret porte la mention *duplicata*.

Le chef de brigade fait, d'ailleurs, connaître au commandant de recrutement si la perte du livret est imputable à la faute de l'homme.

§ 3.

Contrôle des hommes soumis aux obligations militaires.

La gendarmerie possède un contrôle des hommes soumis aux obligations militaires ; ce contrôle est constitué par des listes nominatives par commune.

Les chefs de brigade de gendarmerie reçoivent, tous les ans, du commandant du bureau de recrutement, pour chacune des communes de leur ressort, une liste nominative des hommes de la classe de mobilisation portant le millésime de l'année précédente, qui sont domiciliés dans la commune.

Cette liste est appelée à recevoir l'inscription des positions successives de chaque homme au point de vue de la loi de recrutement.

Les vingt-cinq listes correspondant aux vingt-cinq classes soumises aux obligations militaires sont réunies dans une chemise pour chaque commune.

Une vingt-sixième liste est destinée à recevoir les noms des hommes de toutes classes étrangers à la commune et qui y ont établi leur résidence.

Il y a donc dans chaque brigade autant

de chemises renfermant vingt-six listes que cette brigade comprend de communes.

Les hommes soumis aux obligations militaires sont tenus à certaines déclarations lorsqu'ils se déplacent.

La loi spécifie que tout homme soumis aux obligations militaires est astreint :

1° S'il se déplace pour changer de domicile ou de résidence, à faire viser, dans le délai d'un mois, son livret individuel par la gendarmerie dont relève la localité où il transporte son domicile ou sa résidence ; s'il change d'adresse dans la même ville, à faire viser son livret par la gendarmerie, le changement d'adresse dans la même ville constituant aussi bien un changement de domicile que le déplacement d'une ville dans une autre ;

2° S'il se déplace pour voyager pendant

plus d'un mois, à faire viser son livret avant
son départ par la gendarmerie de sa résidence habituelle ;

3° S'il va se fixer en pays étranger, à
faire de même viser son livret avant son
départ et à prévenir, en outre, à son arrivée,
l'agent consulaire de France. S'il rentre en
France, il se conforme aux prescriptions du
premier paragraphe ci-dessus.

Les ajournés n'ont à faire aucune déclaration lorsqu'ils se déplacent.

Différence entre le changement de domicile et le changement de résidence.

On doit entendre par changement de domicile l'abandon du lieu que l'on habite,
sans esprit de retour, tandis que le changement de résidence n'est qu'une absence
plus ou moins prolongée du domicile, qui
reste le même.

Changement de domicile pendant les six premiers
mois qui suivent le renvoi des hommes dans leurs
foyers.

Il est admis, en principe, que les hommes
renvoyés dans leurs foyers à l'expiration de
leur service sous les drapeaux conservent,
pendant les six premiers mois, nonobstant
les différents changements de domicile qu'ils
peuvent effectuer, l'affectation qui leur est
donnée au moment où ils quittent les drapeaux. La gendarmerie doit rappeler cette
disposition à ceux d'entre eux qui voudraient
faire une déclaration de changement de domicile, et les prévenir que, dans le cas de
mobilisation, ils sont tenus, pendant le laps
de temps précité, de rejoindre la destination
indiquée sur leur ordre de route.

A l'expiration des six mois, elle retire le
livret individuel aux hommes qui ont changé

de domicile et le transmet au bureau de recrutement, en lui faisant connaître si ces hommes ont effectivement l'intention de fixer leur domicile dans son ressort. Le bureau de recrutement effectue, s'il y a lieu, un changement d'affectation.

Les officiers et assimilés de la réserve et de l'armée territoriale sont tenus à faire des déclarations de changement de domicile, de résidence, de déplacement pour voyager.

Les officiers et assimilés de la réserve et de l'armée territoriale sont obligés aux mêmes déclarations que les hommes, en ce qui concerne les changements de domicile ou de résidence et les déplacements pour voyager.

Leurs déclarations peuvent être faites verbalement ou par écrit ; elles doivent indiquer la classe à laquelle appartient l'officier, la subdivision et son canton d'origine, ainsi que son numéro de tirage.

Le chef de brigade délivre à l'officier un récépissé de déclaration extrait du carnet à souche réservé spécialement à cet effet (modèle 22 de l'instruction du 28 décembre 1879) ; il adresse, en même temps, au commandant de recrutement la notification de la déclaration, détachée du même carnet.

Dispositions applicables aux hommes venant s'établir dans le gouvernement de Paris.

Les hommes qui, n'ayant pas tiré au sort dans les départements de la Seine et de Seine-et-Oise, viennent s'y établir en quittant leur corps ou ultérieurement, doivent déposer immédiatement leur livret à la gendarmerie. Ils sont alors l'objet d'une enquête particulière, à la suite de laquelle le gouverneur de Paris décide s'il y a lieu de changer leur affectation.

§ 4

Les hommes des différentes catégories de réserve
sont justiciables, soit des tribunaux mîlitaires, soit
des tribunaux civils, pour des faits concernant
l'intérêt militaire.

La loi du 15 juillet 1889 les place sous la
juridiction militaire dans le cas où ils sont
appelés sous les drapeaux et même dans le
cas où, se trouvant dans leurs foyers, ils
commettent certains crimes ou délits d'une
gravité exceptionnelle au point de vue militaire (1).

---

(1) Trahison, espionnage, embauchage, violation
de consigne, violences envers une sentinelle, voies
de fait et outrages envers un supérieur pouvant être
considérés comme vengeance contre un acte d'autorité militaire, rébellion en uniforme, etc.

La loi précitée les soumet également à la juridiction des tribunaux civils pour des infractions prévues par la loi du 15 juillet 1889.

Les hommes des catégories ci-dessus peuvent être punis disciplinairement par l'autorité militaire.

Des punitions disciplinaires peuvent leur être appliquées dans les cas prévus par les règlements en vigueur, et sont subies dans une prison civile ou dans les salles de discipline d'un corps de troupe désigné par l'autorité militaire.

Le bulletin remis par la gendarmerie aux hommes punis leur permet de voyager à prix réduit en chemin de fer pour se rendre aux lieux où ils doivent subir leurs punitions. Dans le cas où ils ne s'y présentent pas librement dans le délai prescrit, ils y sont conduits sous escorte.

§ 5.

**Demandes de réforme présentées par les hommes
astreints au service militaire.**

Les militaires en congé, comme les hommes renvoyés dans leurs foyers, sont admis à déposer des demandes de réforme. Le chef de brigade mentionne, sur ces documents, le millésime de la classe, le numéro matricule de recrutement et le corps d'affectation.

Les hommes appelés devant la commission de réforme reçoivent un bulletin de convocation établi par le bureau de recrutement, lequel leur donne droit au voyage à prix réduit en chemin de fer et peut leur tenir lieu de feuille de route pour le retour dans leurs foyers.

§ 6.

Les réservistes et les territoriaux sont astreints
à accomplir des périodes d'exercices.

Les hommes de la réserve de l'armée
active sont assujettis, pendant leur temps
de service dans ladite réserve, à prendre
part à deux manœuvres, chacune d'une
durée de quatre semaines.

Les hommes de l'armée territoriale sont
assujettis à une période d'exercices dont la
durée sera de deux semaines.

Convocation des réservistes et territoriaux
pour accomplir leurs périodes d'exercices.

Les réservistes et territoriaux sont convoqués, pour accomplir leurs périodes d'exercices, par des affiches placardées dans les communes, qui indiquent :

Les dates des appels ;

Les classes de mobilisation et les corps ou fractions de corps auxquels appartiennent les hommes qui ont à répondre à la convocation.

Les réservistes et territoriaux peuvent également être convoqués par des ordres d'appel individuels ; cette mesure est appliquée particulièrement aux réservistes de la cavalerie et aux réservistes et territoriaux des escadrons du train des équipages et des sections d'administration et d'infirmiers.

Indication du lieu où les réservistes et territoriaux
doivent se présenter pour accomplir leurs périodes
d'exercices.

Cette indication leur est donnée par la
feuille spéciale aux appels.

Lorsque l'homme a dû remettre son livret,
il trouve alors les indications dont il a
besoin sur le récépissé du livret individuel
qui lui a été délivré en échange.

Les réservistes et territoriaux doivent se présenter
avec des effets militaires lors des convocations.

Les réservistes et territoriaux convoqués
pour une période d'instruction sont tenus de
représenter les effets d'habillement qui leur
ont été laissés, lors de leur départ du corps,
pour se rendre dans leurs foyers; ils doivent conserver ces effets jusqu'à l'époque de
leur libération définitive.

Définition de la dispense.

La dispense est l'autorisation donnée à un homme de ne pas prendre part à un appel annuel. Elle n'est exclusivement valable que pour ce seul appel, et n'est accordée que dans les cas tout à fait exceptionnels et à titre de soutien de famille.

Date à laquelle doivent être déposées les demandes
de dispense (1).

Les demandes de dispense doivent être
déposées par les intéressés, vingt jours au
moins avant la date de convocation, entre

---

(1) Les demandes de dispense à titre de soutien
de famille sont remises au maire de la commune du
domicile, qui en donne le récépissé. Elles sont accompagnées : 1° d'un relevé des contributions
payées par la famille, certifié par le percepteur. Ce
relevé indique, non seulement les contributions
payées par les ascendants, mais encore celles
payées par le postulant et par sa femme, s'il est
marié; 2° d'un avis motivé de trois pères de famille
résidant dans la commune et ayant un fils sous les
drapeaux ou, à défaut, dans la réserve de l'armée
active et jouissant de leurs droits civils et politi-
ques. Cet avis est consigné sur un certificat dit
n° 5 *bis*.

« Lorsque, à défaut de pères de famille ayant un
fils sous les drapeaux, on a recours au témoignage
de pères de famille ayant un fils dans la réserve de
l'armée active, ils doivent, autant que possible, être
pères de fils appartenant aux classes convoquées
dans le courant de l'année.

« Si l'homme a changé de résidence, il remet ou
envoie sa demande au maire de la commune du domicile.

« Le maire soumet les demandes au conseil municipal, qui émet un avis motivé.

« Le maire dresse ensuite une liste de tous les
hommes ayant demandé une dispense, y porte l'avis
motivé du conseil municipal, et l'envoie, au plus
tard quinze jours avant la date fixée pour la convocation, avec les dossiers des demandes de dispense

les mains du maire de la commune de leur domicile, qui leur en donne récépissé. Les demandes doivent être accompagnées d'un certificat n° 5 *bis*, signé par trois pères de famille domiciliés dans la commune, et d'un relevé des contributions payées par les ascendants des postulants, par les postulants eux-mêmes, et par leurs femmes s'ils sont mariés. Ce relevé doit être certifié exact, nominativement pour chaque contribuable, par le percepteur.

---

des intéressés, au général commandant la subdivision, qui statue.

« Les demandes de dispenses, en ce qui concerne les réservistes de l'armée de mer, sont remises par les intéressés au maire de la commune du domicile, appuyées : 1° d'un relevé des contributions payées par la famille, certifié par le percepteur; 2° d'un certificat modèle n° 5 *bis* (modèle n° 43).

« Après avoir soumis les demandes au conseil municipal, le maire en envoie les listes annotées et appuyées des dossiers des demandes de dispense des intéressés au général commandant la subdivision quinze jours au plus tard avant la date de la convo-cation. »

Transmission des demandes de dispense
par le maire.

Le maire dresse une liste de tous les hommes ayant demandé une dispense, y porte l'avis motivé du conseil municipal, et l'envoie, au plus tard quinze jours avant la convocation, avec les dossiers, au général commandant la subdivision, qui statue.

Cet officier général se fait adresser sur chaque homme, par le commandant de la brigade de gendarmerie du domicile ou de la résidence, suivant le cas, quelques renseignements au moyen du bulletin d'appréciation n° 44. (Instruction du 28 décembre 1879.)

Notification aux intéressés de la suite favorable
donnée à leur demande.

Les hommes qui obtiennent la dispense

en sont avisés par le commandant de recrutement au moyen d'une note de service
communiquée par l'intermédiaire de la gendarmerie et retournée au bureau de recrutement après signature des intéressés.

Définition de l'ajournement.

L'ajournement est l'autorisation de retar-
der l'accomplissement de la période d'instruction, soit d'une série à l'autre de l'appel
annuel, soit d'une année à l'autre.

Définition du devancement d'appel.

Le devancement d'appel est l'accomplissement d'une période d'instruction en anticipant d'une série à l'autre de l'appel annuel ou d'une année à l'autre.

Date à laquelle doivent être déposées les demandes d'ajournement et de devancement d'appel.

Les demandes d'ajournement et de devancement d'appel peuvent être déposées à la brigade de gendarmerie jusqu'au moment du départ, les circonstances qui motivent ces demandes pouvant se produire tant que l'homme n'est pas mis en route. Toutefois, il importe que ces demandes soient, autant que possible, déposées quinze jours avant la date de convocation.

Les demandes de devancement d'appel

doivent, de même, être déposées, en principe, quinze jours au moins avant la date du commencement de la période d'exercice pour laquelle l'intéressé demande à être appelé.

Néanmoins, dans des cas particuliers, ces demandes pourront encore être produites deux jours seulement avant le commencement de cette période.

Notification aux intéressés de la suite favorable donnée à leur demande d'ajournement ou de devancement d'appel.

Les intéressés dont les demandes sont accueillies en sont avisés dans la forme indiquée précédemment pour les dispensés.

Devoirs d'un réserviste qui, se trouvant dans sa dernière année de service, obtient un ajournement l'ajournant au delà de l'époque de son passage dans l'armée territoriale.

Si un réserviste se trouvant dans sa dernière année de réserve obtient un ajournement qui l'ajourne au delà de l'époque de son passage dans l'armée territoriale, il est convoqué l'année suivante à une réunion de la réserve. Il convient de l'en prévenir. Cette disposition, applicable aux manquants et retardataires, ne l'est pas aux hommes ajournés dans ces conditions pour cause de maladie; mais, au moment de leur passage dans l'armée territoriale, ces hommes sont visités par un médecin militaire, si le général commandant la subdivision le juge utile, pour apprécier s'il y a lieu de leur faire accomplir leur période d'exercice.

§ 7.

Recrutement de l'armée de mer.

L'armée de mer se recrute :

1° Au moyen des inscrits maritimes ;

2° Au moyen d'engagés volontaires et d'hommes du contingent dont les obligations militaires sont identiques à celles des hommes de l'armée de terre.

Définition de l'inscription maritime.

L'inscription maritime est une institution de recrutement qui oblige à servir dans l'armée navale, suivant des conditions particulières, tous les citoyens qui exercent la navigation maritime à titre professionnel.

Administration des inscrits maritimes.

Les inscrits maritimes sont administrés par les commissaires de l'inscription maritime.

Dans le cas où la gendarmerie ne serait pas en mesure de répondre à une demande de renseignements qui lui aurait été adressée par un inscrit maritime, elle devra en référer au commissaire de l'inscription maritime du quartier auquel appartient l'intéressé.

Règles relatives aux déplacements et absences
des inscrits maritimes.

Tout inscrit définitif âgé de vingt à qua-
rante-cinq ans, qui quitte la circonscription
d'un quartier pour se fixer dans l'intérieur
du territoire de la France ou de l'Algérie,
est tenu de se présenter, dans les deux mois
qui suivent son départ, au commandant de
la brigade de gendarmerie du lieu où il s'est
fixé.

Le commandant de cette brigade en in-
forme le commissaire de l'inscription maritime du quartier d'où provient le marin, au
moyen d'un avis individuel de déplacement
ou d'absence, extrait d'un carnet à souche.

L'inscrit qui se déplace dans l'intérieur du
territoire doit préalablement aviser de son
départ le commandant de la brigade de gendarmerie du lieu qu'il quitte, si son absence
doit être de plus de huit jours ; il est tenu
ensuite de se présenter, dans les deux mois
qui suivent son départ, au commandant de
la brigade de gendarmerie du nouveau lieu
où il s'est fixé.

Les commandants de brigade de gendarmerie constatent que l'inscrit s'est soumis
aux obligations qui lui sont imposées, en
apposant leur signature sur un feuillet spé-
cial du fascicule de mobilisation dont doit

être porteur tout inscrit venant faire une déclaration.

Ils préviennent le commissaire du quartier d'inscription du marin de tous les déplacements successifs dont ils ont connaissance, et signalent également à cet officier les inscrits qui n'auront pas rempli les formalités auxquelles ils sont astreints.

Durée du service dans l'armée de mer pour les engagés volontaires et les hommes du contingent.

Cette durée est de :

Trois ans sous les drapeaux ;
Sept ans dans la réserve.

A l'expiration des dix années de service, les hommes sont versés dans l'armée territoriale dans les mêmes conditions que les hommes de l'armée de terre.

Répartition en catégories des hommes appartenant
à l'armée de mer qui se trouvent dans leurs foyers
(à l'exception des inscrits maritimes).

Les hommes appartenant à l'armée de
mer qui se trouvent dans leurs foyers (à
l'exception des inscrits maritimes) sont ré-
partis en deux catégories, savoir :

1° Celle des hommes en congé en attendant leur passage dans la réserve;
2° Celle des réservistes.

La catégorie des hommes en congé en
attendant leur passage dans la réserve cor-
respond à la catégorie des hommes en disponibilité pour l'armée de terre.

Pièces qui sont entre les mains des hommes en
congé en attendant leur passage dans la réserve
et des réservistes de l'armée de mer.

Ces hommes possèdent un livret individuel
avec un ordre de route qui les convoque au
bureau de recrutement de leur domicile.

Feuille spéciale aux appels contenue dans le livret
individuel des hommes envoyés en congé en attendant leur passage dans la réserve et des réservistes
de l'armée de mer.

Le livret individuel des hommes en congé

en attendant leur passage dans la réserve et
des réservistes de l'armée de mer contient
une feuille spéciale aux appels, qui leur
prescrit de rejoindre le bureau de recrutement de leur domicile lors des convocations
du temps de paix.

Convocation des hommes de l'armée de mer pour des périodes d'instruction.

Ces hommes sont convoqués, soit au
moyen des affiches générales relatives aux
appels annuels des réservistes de l'armée de
mer, soit au moyen d'affiches spéciales qui
désignent les classes et les catégories des
hommes appelés.

Officiers de réserve de l'armée de mer.

Ces officiers sont astreints, comme ceux de l'armée de terre, aux déclarations de changement de domicile ou de résidence et de déplacement pour voyager. Le chef de brigade de gendarmerie leur en délivre récépissé dans la forme réglementaire.

§ 8.

Publication, en temps de paix, d'un document ins-
truisant les hommes de leur situation et de leurs
obligations en cas de mobilisation.

Il est publié, le 1er novembre de chaque
année, un tableau de répartition des classes
astreintes au service militaire entre l'armée
active, l'armée territoriale et les réserves de
ces armées.

TABLE DES MATIÈRES

Paris. — Imp. LÉAUTEY, rue Saint-Guillaume, 24.

www.ingramcontent.com/pod-product-compliance
Ingram Content Group UK Ltd.
Pitfield, Milton Keynes, MK11 3LW, UK
UKHW031749170726
13836UKWH00002B/949